Sammlung von Instruktionen

der königlich sächsischen Armee

1810 -1815 (Teil IV)

herausgegeben von Jörg Titze

Beiträge zur sächsischen Militärgeschichte
zwischen 1793 und 1815

Heft 44

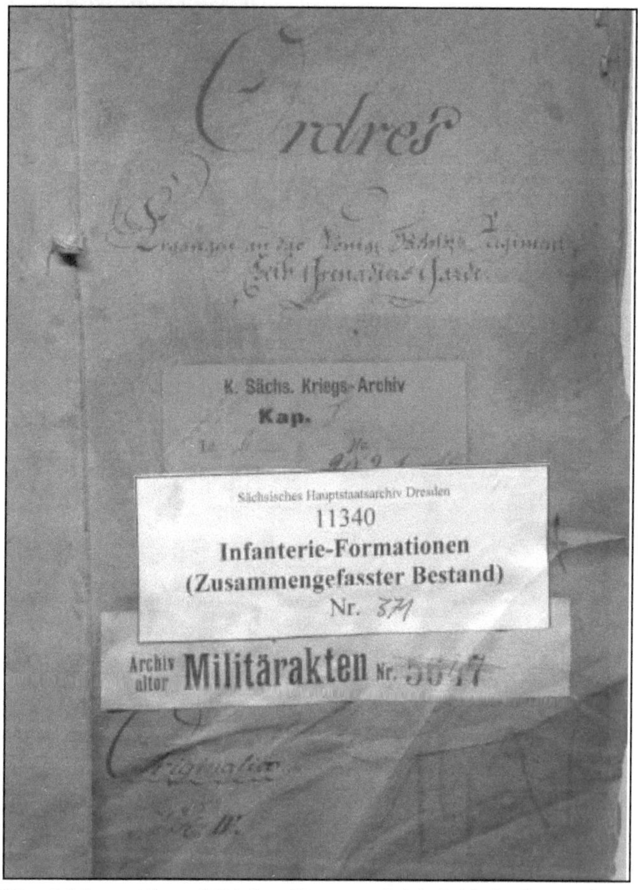

Deckblatt Akte 371 im Bestand 11 340 Infanterie

Sammlung von

Instruktionen

der

königlich sächsischen Armee

1810 -1815

(Teil IV)

Die Deutsche Bibliothek verzeichnet diese Publikation in der Deutschen Nationalbibliographie; detaillierte bibliographische Daten sind im Internet über http://dnb.ddb.de abrufbar.

Die Deutsche Bibliothek – CIP – Einheitsaufnahme

Jörg Titze (Hrsg.) – Sammlung von Instruktionen der königlich sächsischen Armee 1810 – 1815 (Teil IV)

ISBN 978-3-7528-3434-5

© 2018 Jörg Titze

Herstellung und Verlag:
BoD- Books on Demand, Norderstedt

<u>Einleitung</u>

Diese Sammlung enthält folgende Vorschriften:

I. Druckfehler und Erläuterungen einiger Stellen in der Berichtigung und den Zusätzen des Exerzier-Reglements (S.7)

II. Instruktion für einen beurlaubten Soldaten der Königl. Sächs. Armee (S.10)

III. Verhalten der Kompanien bei einer Revue vom 9ten Dezember 1811 (S.17)

IV. Die Verdienstmedaille für Unteroffiziere und Gemeine betreffend vom 20ten Januar 1812 (S.22) inkl. abschriftlichem Regulativ vom 17ten März 1796 (S.23)

V. Zur Stellung der Regimentsschützen bei der Infanterie vom 19ten Februar 1812 (S.28)

VI. Zur Stellung der Regimentsschützen bei der Infanterie vom 4ten November 1812 (S.31)

VII. Vorschrift zum Kontremarsch mit der geschlossenen Kolonne vom 7ten Mai 1812 (S.34)

VIII. Vorschrift zum Kontremarsch mit der geschlossenen Kolonne vom 24ten Juli 1814 (S.37)

IX. Die Formierung des Karrees aus der Angriffs-Kolonne vom 3ten Juli 1812 (S.39)

X. Abänderung im Rottenfeuer vom 28ten Septbr. 1813 (S.41)

XI. Ablösung der Schildwachen vom 12ten Oktober 1814 (S.42)

XII. Stellen der Mannschaft vom 17ten Dezember 1814 (S.45)

XIII. Abänderungen und Erinnerungen beim Exerzieren der Linien-Infanterie (S.46)

Alle Vorschriften sind den Akten der Leib-Grenadier-Garde bzw. des Grenadier-Regiments im Hauptstaatsarchiv Dresden entnommen.

Es handelt sich dabei und folgende Schriftstücke:

Bestand 11 340 Infanterie-Formationen

No. 371 – Ordres Leib-Grenadier-Garde Januar 1812 bis Dezember 1812

No. 372 – Ordres Leib-Grenadier-Garde Januar 1813 bis September 1813

No. 373 – Ordres an das Grenadier-Regiment November 1813

No. 374 – Ordrebuch 3te Kompanie Leib-Garde-Bataillon 1814 - 1815

I. Druckfehler und Erläuterungen einiger Stellen in der Berichtigung und den Zusätzen des Exerzier-Reglements

Pag 23 Zeile 9 von oben

Statt Musketierunteroffiziers lese man Musketier-Offizier

Pag 30 zum 15ten §

Es versteht sich, dass wenn sich eine Kolonne im Marsch befindet, die Zimmerleute derselben vor den Tambours hergehen.

Pag 53 zum 10ten §

Es wird bemerkt, das die hier aufgestellte Methode der Rückwärtsrichtung, gegen die in dem Ausarbeitungsunterrichte befindlichen die richtigere ist.

Pag 55 zum 14ten §

Es versteht sich, dass man bei dieser Bewegung anweise, dass auf das Kommando *Marsch!* der Soldat seinen Kopf zur Erhaltung der Richtung rechts wende. Auf *Halt!* geht der Kopf wieder grad aus, und hierauf, wenn es nötig ist, wird die Rechtsrichtung kommandiert.

Pag 58 Zeile 1 von unten

Statt *kleiner Abänderung* lese man: *keiner Abänderung*

<u>Pag 71 Zeile 17 von oben</u>

Das Kommando *Augen links!* fällt weg; denn wenn ein Zugskommandant sich von einem Flügel auf den andern begibt, so avertiert er die Mannschaft, dass sie die Fühlung dahin nehmen soll.

<u>Pag 73 Zeile 7 von oben</u>

Wird das Kommandowort *Marsch!* hinzugefügt.

<u>Pag 74 Zeile 8 von oben</u>

Das Kommando *Augen links!* fällt weg.

<u>Pag 74 Zusatz nach Zeile 13</u>

Das 3te Bataillon marschiert durch die 8^{tels} Schwenkung vorwärts neben dem 4ten Bataillon auf.

<u>Pag 75 Zeile 1 von oben</u>

Das Kommando *Augen links!* fällt weg.

<u>Pag 87 Zeile 7 von unten</u>

Muss es heißen: *rechter Flügel! Fühlung links!* statt *Augen links!*

<u>Pag 94</u>

Es ist hier von einer Kolonne die Rede, welche links abschwenkt.

<u>Pag 105</u>

In dem Zusatze ist ebenfalls von einer Kolonne die Rede, welche links abschwenkt hat.

<u>Pag 108 Zeile 18 von oben</u>

Statt *Augen links!* lese man: *Fühlung links!*

<u>Pag 114 §§ 178 und 179</u>

Wird dahin erläutert: dass zwar in beiden Fällen, die Zugskommandanten bei Kontre-Marsch stehen bleiben, jedoch bei einer links abmarschierten Kolonne nur zum Abschwenkungs- aber nicht zum Alignementspunkte – auf welchem der Zug, nachdem er abgeschwenkt, zu marschieren soll – dienen können.

<u>Pag 138 Zeile 9 von oben</u>

Es gehört über die Silbe *um!* ein Akzent

<u>Pag 139 Zeile 10 von oben</u>

Statt dem Worte *längst* lese man *längs.*!

<u>Pag 150 Zeile 3 von oben</u>

Das Kommando *Formiert euch!* darf nicht getrennt sein.

<u>Pag 153 in dem 4ten §</u>

Muss es heißen: jeder Bataillons-Kommandant kommandiert die darauf Bezug habende Bewegung.

❧ ✸ ☙

II. Instruktion für einen beurlaubten Soldaten der Königl. Sächs. Armee[1]

1

Jeder Beurlaubte erhält vor einem Abgange einen Pass. Da dieser allen ihm zu seiner Legitimation dient, so muss der Soldat ihn auf das sorgfältigste bewahren, weil er, wenn er denselben verlieren sollte, leicht in den Verdacht der Desertion kommen und arretiert werden könnte.

2

Der Beurlaubte hat den Pass unterwegs, nicht allein jeder Zivil- und Militärbehörde, sondern auch den Gendarmen und Gastwirten, bei denen er einkehrt, auf Verlangen höflich vorzuzeigen. Alle diese Personen sind durch die Landesgesetze befehligt, danach zu fragen und der Soldat würde daher, im Verweigerungsfalle, arretiert und aufs strengste bestraft werden.

3

Kein Beurlaubter darf weder auf dem Wege nach selnem Beurlaubungsorte, noch zurück zu seiner Kompanie, Quartier, Beköstigung oder Vorspann verlangen; er ist im Gegenteile verpflichtet, alles bar zu bezahlen.

---

[1] Die Instruktion ist undatiert, wurde jedoch im Ordrebuch von 1812 aufgefunden

4

Geht er durch einen Ort, in welchem Garnison steht, so meldet er sich in einem verhältnismäßigen Anzuge auf der Hauptwache. Bei jeden Vorgesetzten, der ihn auf der Straße, oder an irgend einem Orte begegnet, hat er sich ebenfalls gehörig anzumelden.

5

Jeder Beurlaubte soll sich spätestens binnen der ersten 8 Tage nach dem Eintreffen in seinem Aufenthaltsorte, bei dem Kommandanten der Garnison melden, welche ihm auf der Rückseite seines Passes vorgeschrieben worden ist.

6

Der Pass wird von diesem Kommandanten visitiert und dem Mann zurück gegeben. Dieses ist der gleiche Fall auch dann, wenn im dem Orte selbst Garnison ist.

7

Steht in dem Beurlaubungsorte keine Besatzung, so hat der Soldat der dasigen Ortsobrigkeit, sogleich nach dem Eintreffen, seine Ankunft und auch außerdem noch anzuzeigen, in was seine Verrichtung bestehen wird. Den Pass gibt er ebenfalls nicht ab, hat ihn aber der Ortsobrigkeit vorzuweisen.

8

Jeder Soldat soll sich während seines Urlaubs stets eines ruhigen und gesitteten Betragens befleißigen. Er muss jede Gelegenheit vermeiden, wo er in irgend einen Exzess verwickelt werden könnte und muss überhaupt, auch außer den Augen seiner Vorgesetzten, durch ein höfliches und anständiges Betragen beweisen, dass er zu einem ehrenvollen Stande gehört. Deshalb soll er besonders schlechte Gesellschaft meiden, sich Abends zu rechter Zeit, wenn seine Beschäftigung beendigt ist, nach Hause begeben und alles Schwärmen des Nachts unterlassen.

9

Wenn inzwischen ein Beurlaubter dennoch, es sei durch Zufall, oder aus eigener Schuld, in einem Exzess verwickelt werden sollte, so muss er den Verlauf der Sache sofort demjenigen Garnisons-Kommandanten anzeigen, bei welchem er sich angemeldet hat.

10

Wenn der beurlaubte Soldat irgendetwas, das nicht von Erheblichkeit ist, angeschuldigt werden sollte, so wird die Ortsobrigkeit dem mehr-erwähnten Garnisons-Kommandanten Anzeige darüber machen und dieser die Klage untersuchen, auch, wenn es durch einen 3tägigen gelinden Arrest abgetan werden kann, den Mann, nach Befinden der Umstände bestrafen.

11

Sollte ein beurlaubter Soldat aus irgendeiner Ursache, durch die Zivilbehörde, oder die Gendarmerie arretiert werden, so darf er sich weder der Verhaftung, noch dem ersten Verhör widersetzen.

12

Vor einem Zivilgericht kann sich in der Regel kein Beurlaubter, ohne Vorwissen des Garnisons-Kommandanten, an den er gewiesen ist, stellen, es sei als Kläger, Beklagter oder als Zeuge. Bloß Vorfälle von Wichtigkeit, welche keinen Aufschub leiden, sind ausgenommen, dann hat aber der Beurlaubte es dem Garnisons-Kommandanten sofort zu melden.

13

Er kann während des Urlaubs nur solche Arbeiten verrichten, welche seinen Stand nicht herabwürdigen. Was die Landesgesetze in Hinsicht der Gewerbe vorschreiben, danach hat er sich pünktlich zu richten, überhaupt allen Befehlen genau nachzukommen, welche die Ortsobrigkeit für die übrigen Bewohner im Allgemeinen erlassen hat. Das Jagen und Fischen, sowie Holz zu nehmen oder Bäume beschädigen u.s.w. ist ihm aufs strengste verboten.

14

Die dem Soldaten mit auf Urlaub gegebenen Montierungsstücke soll es sorgfältig aufbewahren und stets im reinlichsten Stande erhalten.

15

Es ist ihm ausdrücklich verboten, bei seiner Verrichtung, es sei Profession oder Handarbeit, Montierungsstücke anzuziehen. Bei feierlichen Gelegenheiten hingegen und überhaupt, wo sich der Soldat öffentlich zeigt, als z.B. Sonntags, wenn er in die Kirche geht oder auswärtige Orte besucht u.s.w. muss er eine Ehre darin finden, in seiner Uniform zu erscheinen. Wenn sich aber der Soldat einmal in Montierung zeigt, so muss er sich auch eben so sorgfältig und vorschriftsmäßig ankleiden, als wenn er eine Revue passieren sollte.

16

Wenn ein Beurlaubter krank wird, so muss er, wenn es ohne Nachteil für seine Gesundheit geschehen kann, suchen: sein Standquartier, oder wenigstens die Garnison, an welche er gewiesen ist, zu erreichen. Dort meldet er sich und wird im Spital aufgenommen worden. Kann er den Weg nicht zu Fuß zurücklegen, so hat er sich von Ort zu Ort einen Wagen auszubitten. In diesem Fall soll er bemüht sein, sich von dem ersten verpflichteten Arzte, den er darum ersuchen kann, sein Unvermögen, zu Fuß zu gehen, attestieren, so wie von jeder Ortsobrigkeit den Empfang des

Vorspann-Wagens, auf der Rückseite des Passes, bescheinigen zu lassen.

17

Ist aber der Krankheits-Zustand von der Art, dass der Soldat auch nicht einmal mehr transportiert werden kann, so soll er dafür sorgen, dass es dem Garnisons-Kommandanten, an den er gewiesen ist, ohne allen Verzug gemeldet werde, wenn er dies nicht selbst tun kann. Dieser wird dann nicht nur seine Kompanie davon benachrichtigen, sondern er hat auch von ihm ärztliche Hilfe zu erwarten.

18

Will der Soldat seinen Urlaubsort verändern, so hat er bei dem Kompanie-Kommandanten die Erlaubnis hierzu nachzusuchen. Er darf nicht früher abgehen, als bis er von dem Garnisons-Kommandanten, unter dessen Aufsicht er steht, den neuen Urlaubspass, visiert, zugeschickt erhält, wogegen er den alten sofort zurück zu geben hat.

19

Wenn er seinen Urlaubsort bloß auf einige Tage verlässt, so muss er es, wenn er vom Garnisons-Kommandanten weit entfernt ist, seiner Obrigkeit anzeigen, damit man ihn zu finden weiß, wenn während der Zeit Befehle an ihn eingehen sollten. Seinen Urlaubspass muss er in einem solchen Falle bei sich führen, um ihn auf Befragen vorzeigen zu können.

20

Wenn der Soldat nicht mehr im Stande ist, sich auf Urlaub zu ernähren, soll er sich zu seiner Kompanie begeben.

21

Jeder Soldat, welcher eigenmächtig länger auf Urlaub bleibt, als ihm im Passe bewilligt worden ist, wird nach den Gesetzen bestraft. Wenn er einen längeren Urlaub nötig hat, so muss er in Zeiten schriftlich bei seinem Kompanie-Kommandanten darum nachsuchen. Er hat hierbei die Entfernung seines Aufenthaltes vom Standquartier wohl zu berücksichtigen, damit er noch zeitig genug Antwort erhalten könne. Bliebe die Genehmigung aus, so darf er nicht das Ende des Urlaubs abwarten, sondern muss den Rückweg dergestalt antreten, dass er pünktlich an dem Tage, bis zu welchem sein Pass lautet, in dem Standquartier eintrifft.

22

Von dem Garnisons-Kommandanten, bei dem er sich angemeldet hat, werden ihm alle Befehle erteilt, sowie die Ordres, welche er vielleicht außerdem noch von seiner Kompanie erhalten könnte, zugeschickt. Der Beurlaubte hat den Unteroffiziers, welche ihm solche Befehle übereignen, oder die von Zeit zu Zeit von dem erwähnten Garnisons-Kommandanten abgeschickt werden, um sich an Ort und Stelle von der guten Aufführung der Beurlaubten zu unterrichten, ebenso pünktlich zu gehorchen, als wären sie von seinem eigenen Regimente.

23

Der Beurlaubte kann sich nicht weigern, für die an ihn eingehenden Ordres, das gewöhnliche Briefträgerlohn zu entrichten.

24

Bei dem Abgange hat sich der Soldat von der Zivilbehörde seines Urlaubsortes, auf der Rückseite des Passes, ein Zeugnis über seine Aufführung ausstellen zu lassen, wodurch er bei der Kompanie beweisen muss, dass er sich so verhalten hat, wie es einem ehrliebenden, guten Soldaten zukommt.

25

Der Beurlaubte soll in vorschriftsmäßiger Bekleidung sein Standquartier betreten und sich so einrichten, dass er solches in den Vormittagsstunden erreicht. Er meldet sich zuerst bei dem Korporal seiner Visitation und hierauf weiter.

26

Sollte sein Regiment schon aufgebrochen sein, so muss er sich möglichst bestreben, es zu erreichen, oder sich wenigstens an eine andere Truppenabteilung anschließen. Der Soldat, der in einem solchen Falle nicht alle Kräfte aufbietet, um zu seinem Regiment zu gelangen , oder einen Sammelplatz anderer Truppen zu erreichen, hat nicht nur kein Ehrgefühl, sondern kommt auch alle Mal in den Verdacht der Desertion.

27

Jeder Beurlaubte soll diese Instruktion oft lesen, oder sich vorlesen lassen, damit er immer im Voraus genau wisse, wie er sich bei verschiedenen eintretenden Fällen auf Urlaub zu verhalten habe.

28

Er soll diese Instruktion sowohl, als auch seinen Pass stets reinlich halten, weil er sie bei seiner Rückkehr zur Kompanie in dem nämlichen Zustande, wie er sie erhielt, wieder abzugeben hat. Er überreicht beides, sowie die sonst etwa noch während des Urlaubs erhaltenen Ordres, seinem Kompanie-Kommandanten.

III. Verhalten der Kompanien bei einer Revue

Dresden, den 9ten Dezbr. 1811

Ich habe die Bemerkung gemacht, dass bei den Regimentern und Bataillons meiner Division noch immer zweifelhaft ist, auf welche Art die Kompanien sich bei den Revuen verhalten sollen, die von mir zu ungewissen Zeiten vorgenommen werden. Es wird daher festgesetzt:

1

Wenn befohlen ist, dass die Kompanien bis zu bereits ausgesetzten Punkten vorrücken sollen, wird bis dahin avanciert, Halt gemacht und ge-richtet, ohne die Zugskommandanten vorrücken zu lassen.

2

Desferner es derjenige, der die Revue hält, nicht untersagt, so wird en Parade gesetzt, die Honneur gemacht und so dann wieder zum Chargieren formiert.

3

Wird kommandiert

Ober- und Unteroffiziers!

Vorwärts_Marsch!

wobei auf das Wort Marsch die Leute das Gewehr in Arm nehmen. Sobald sich die Unteroffiziers gerichtet haben, nehmen sie aufs Zeichen des

Feldwebels oder 1sten Sergeanten das Gewehr beim Fuß.

Der Kompanie-Kommandant übergibt seine Berechnung.

4

Hat derjenige, der die Revue hält, die Unteroffiziers besehen und nach Befinden die Rotten mit der Berechnung verglichen, so wird das Gewehr angegriffen, die Glieder werden geöffnet und an das 1ste Glied

Augen_Rechts!

kommandiert; gewöhnlich wird der Befehl erteilt, dass die hinteren Glieder das Gewehr in Arm nehmen, daher wird das Angreifen und Augen_Rechts an jedes derselben kommandiert, sobald sich der General dessen rechten Flügel nähert.

5

Ist die Besichtigung vollendet, so lässt der Kompanie-Kommandant das Gewehr angreifen, die Glieder vorwärts schließen, die Ober- und Unteroffiziers auf ihre Posten rücken und erwartet den weiteren Befehl.

6

Durch diese Anordnung wird die Vorschrift zu dem Verhalten bei der Musterung nicht aufgehoben; vielmehr bleibt solches unverändert.

Da der Zweck bei diesen Revuen dahin gerichtet ist, sich von dem richtigen Bestande der Kompanien zu überzeugen und dabei zu untersuchen, wie die Positionen und das Gewehr tragen beschaffen sind, in welcher Verfassung sich die Feuer- und Seitengewehre, die Ajustierung und das Gepäck befinden, so ist es sehr angemessen, wenn die Herren Regiments- und Bataillons-Kommandanten ebenfalls von Zeit zu Zeit dergleichen Revuen vornehmen, damit eine stete Aufmerksamkeit auf diese Gegenstände erhalten wird.

v.Zeschau

IV. Die Verdienstmedaille für Unteroffiziere und Gemeine betreffend

Dresden den 20sten Januar 1812

Die Bemerkung, welche ich bei verschiedenen Gelegenheiten gemacht habe, dass nicht alle Regimenter von dem Inhalt des unterm 17ten März 1796 erlassenen Allerhöchsten Regulativs, nach welchem denen im Felde sich auszeichnenden Unteroffiziers und Gemeinen, goldene und silberne Medaillen als Ehrenzeichen bestimmt wurde, hinlänglich unterrichtet sind, veranlasst mich Ew. Hochwohlgebr:[2] eine Abschrift dieses Regulativs mitzuteilen, damit Dieselben solches in dem Dero Kommando untergebenen Regiment bekannt machen.

Da ich hiernächst häufig beobachtet habe, dass die Inhaber dieser Medaillen ein Band tragen, welches dem Ordensband des St. Heinrichs Ordens völlig gleich ist, das Regulativ aber ausdrücklich ein schmales Band vorschreibt, so wird dazu eine Probe von der Gattung übersendet, wie solches anfänglich ausgeteilt worden ist und wie es demnach unverändert von nun an zu tragen ist.

v.Zeschau

---

[2] Diese Ordre ging an den Regimentskommandeur der Leib-Grenadier-Garde, Obersten v.Warnsdorff

Regulativ

Ihre Churfürstl. Durchl. zu Sachsen pp. haben bisher Höchst Deroselben gnädigste Zufriedenheit über vorzüglich tapfere Handlungen einzelner Personen unter Dero am Rhein befindlichen und für das deutsche Vaterland fechtenden Truppen-Korps durch verhältnismäßige Gnaden-Geschenke zu bezeugen nicht unterlassen. Um aber dem wahren Verdienste braver Krieger mehr als einen bloß vorübergehenden Vorteil zu gewähren und eine edle Nacheiferung um so mehr zu erwecken, haben Ihro Churftl: Durchl: beschlossen, einzelne, sich vorzüglich auszeichnende, tapfere Handlungen Ihrer im Feld dienenden Soldaten durch ein öffentliches und fortdauerndes Ehrenzeichen zu belohnen. Dieses Ehrenzeichen ist eine goldene oder silberne, zu dieser Absicht geprägte Medaille nach angefügter Zeichnung.

Diese ehrenvolle Auszeichnung kann jeder unter Ihro Churftl: Durchl: im Felde stehenden Truppen-Korps dienende Unteroffizier und Gemeiner erlangen, der sich derselben durch sein Betragen würdig macht und Höchstdieselben haben vorjetzt dieserhalb folgendes festzustellen für gut befunden.

I.,

Diese Medaille, die jedoch nicht als ein Orden angesehen werden darf, ist die Belohnung einer im Felde gegen den Feind verrichteten vorzüglich tapferen Handlung eines einzelnen Mannes, die, von Tollkühnheit oder niedrigen Absicht gleichweit entfernt ist und zum glücklichen Erfolg einer wichtigen Unternehmung oder zur Abwendung einer, dem Ganzen oder Einzelnen drohenden Gefahr, beigetragen hat.

II.,

Eine solche vorzüglich tapfere Handlung muss durch glaubwürdige Zeugnisse dabei gegenwärtig gewesener Militär-Personen bewiesen werden.

III.,

Dem en chef kommandierenden General kommt es zu, nach vorhergegangener Prüfung der beigebrachten Zeugnisse, über die zu erteilende Belohnung zu entscheiden, und derselbe wird allemal seine Aufmerksamkeit darauf zu richten haben, damit nicht nur die Zuteilung nach Verdienst geschehe, sondern auch der Wert dieses Ehrenzeichens nicht durch Gemeinmachung herabgewürdigt werde.

IV.,

Derjenige, welchem die Belohnung zuerkannt wird, erhält sie öffentlich und im Beisein seiner Kameraden aus den Händen seines Regiments- oder Bataillons-Chefs.

V.,

Die goldene Medaille haben Ihro Churftl: Durchl: zur Belohnung für ganz besonders ausgezeichnete Handlungen, die silberne für diejenigen, welche im Verdienst den ersteren am nächsten kommen, ohne Rücksicht, ob es ein Unteroffizier oder Gemeiner sei, der sie verrichtet, bestimmt. In dem Falle, da der Besitzer einer silbernen Medaille, sich in der Folge durch eine anderweite tapfere Handlung noch vorzüglicher auszeichnet, wird ihm nach vorgängiger gleichmäßiger Bescheinigung und Prüfung, gegen Zurückgabe der silbernen eine goldene Medaille erteilt; dem Besitzer einer goldenen Medaille aber, werden Ihro Churftl: Durchl: bei einer aufs neue verrichteten vorzüglich tapferen Handlung, Dero ausnehmende Zufriedenheit auf andere Art zu beweisen unvergessen sein.

VI.,

Beide Medaillen werden an einem in einem Knopfloche der Uniform befestigten schmalen blauen Bande mit gelber Einfassung in und außer dem Dienste jedoch allezeit nur mit der Uniform und lebenslang getragen.

Sie verbleiben daher ihren Besitzern, wenn diese selbst zu einer höheren Stufe fortrücken oder auf ihr, aus hinlänglichen Ursachen geschehenes Ansuchen, vom Militär-Dienst entlassen werden

VII.,

Alle öffentlich zu bestrafenden Vergehungen ziehen auch den Verlust dieses Ehrenzeichens nach sich.

VIII.,

Diese Medaillen werden nach dem Tode ihrer Besitzer zurückgegeben. Denjenigen Besitzern der Medaille, welche bis an den Tod im Kriegsdienst treu und pflichtmäßig verbleiben, erteilen Ihro Churftl: Durchl: die Erlaubnis nach eigener Willkür eine Person zu benennen, der sie die Medaille zur Einlieferung überlassen und diese soll sodann bei Zurückgabe der Medaille an die Behörde eine Gratifikation von Einhundert Talern für eine goldene und von Fünf und Zwanzig Talern für eine silberne erhalten; auch wenn eine besondere Person dazu nicht bennenet ist, gleiche Gratifikation des Verstorbenen Witwe und Kindern oder sonstigen rechtmäßigen Erben bei der Zurückgabe angedeihen.

IX.,

Obwohl dieses Ehrenzeichen eigentlich für die gegen den Feind fechtenden Unteroffiziers und Gemeinen Soldaten bestimmt ist, so behalten sich Ihro Churftl: Durchl: dennoch bevor, solches nach Höchsteigenem Gutbefinden auch anderen Personen zu erteilen, welche durch eine vorzügliche mit Mut unternommene und ohne Gefahr zu scheuen, mit Entschlossenheit ausgeführte persönliche Handlung, sich um das Vaterland auf eine ausgezeichnete Art verdient machen.

So wie nicht minder

X.,

Ihro Churftl: Durchl: dieses Regulativ nach Befinden zu vermehren und zu erläutern, auch die etwa dabei vorkommenden Zweifel Selbst zu entscheiden Sich hierdurch ausdrücklich vorbehalten.

Zu dessen allen Urkund und Bekräftigung haben Ihro Churftl: Durchl: dieses Regulativ unter Selbst Dero eigenhändiger Unterschrift und Vordrukkung eines Kriegs-Insiegels ausfertigen lassen.

So geschehen und geben zu Dresden am Siebenzehnten Martii Anno Eintausend Siebenhundert Sechs und Neunzig

Friedrich August

L.S.

V. Zur Stellung der Regimentsschützen bei der Infanterie

Dresden, den 19ten Februar 1812

Der Vorteil den die, bei der Infanterie eingeführten Schützen in mancher Hinsicht gewähren, ist unverkennbar; allein es ist eben so wenig in Abrede zu stellen, dass durch ihre zeitherige Aufstellung hinter den Compagnien zu welchen sie gehörten, die Zahl der Feuergewehre in der Linie, bei einem allgemeinen Gefecht vermindert wurde.

Solange bloß die Schützen in zerstreuter Ordnung zu fechten wussten, ließ sich diesem Mangel nicht begegnen, weil man solche bald auf diesem und bald auf einem anderen Punkte brauchte, und daher augenblicklich über die musste disponieren können; nachdem nun aber die gesamte Infanterie in den Grundsätzen des Tiraillierens unterrichtet wird, und man, nach Befinden, jeden Zug aus einem Bataillon dazu gebrauchen kann, so ist es passend, die Schützen wieder in die Linie zu stellen.

In Übereinstimmung mit dem Herrn General-Leutnant von Lecoq wird demnach in der gesamten Infanterie folgendes über diesen Gegenstand festgesetzt:

1) Von nun an sollen bei jeder Compagnie 12 Schützen vorhanden sein. Ein Unteroffizier von jeder Compagnie ist ihr Führer. Sämtliche

Schützen eines Bataillons werden von einem Offizier kommandiert, welchem ein Tambour zu den Signalen beigegeben ist.

2) Diese Schützen werden auf die linken Flügel der halben Divisionen eingeteilt und formieren daher die zwei linken Flügelrotten derselben.

3) Sind Schützen krankheits- oder einer anderen Ursache halber abwesend, so werden sie nicht ersetzt. Fehlen mehr als 3 Schützen in einer Compagnie, so müssen die übrigen gleichmäßig verteilt werden. Eine so genannte blinde Rotte in einer Compagnie oder in einem formierten Bataillon, kann nur in der letzten Rotte, rechts der Schützen, stattfinden.

4) Die Avant- und Arriere-Garden, werden durch die Pelotons, halben oder ganzen Divisionen, so sich auf den Flügel befinden, bestritten. Zu Seitenpatrouillen, oder auf außerordentliche Expeditionen können die in den halben Divisionen eingeteilten Schützen gebraucht werden. Die taktische Ordnung geht dadurch nicht verloren.

5) Die letzte Sektion einer jeden halben Division wird um 2 Rotten schwächer, wenn die Schützen herausgezogen worden sind; dem ohngeachtet muss die Distanz auf die ganze Sektion beobachtet werden. In dem Falle, dass in die Front eingeschwenkt wird, ohne die Schützen eingerückt sind, so ist die Öffnung durch Mannschaften aus dem 3ten Gliede aus zu füllen.

6) Die Schützen-Unteroffiziers schließen die 2te halbe Division der Compagnien, der Schützen-Offizier hingegen die 5te halbe Division der Bataillone. Der Tambour bleibt im Tambourzug und verlässt diesen Zug nicht eher, bis die Schützen vorgerufen werden.

7) Zur Auszeichnung sollen die Schützen, oben auf dem Federstutze einige kleine grüne Federn führen, welche die Gestalt einer Rose bilden[3].

Ew. Hochwohlgebr. haben das Nötige diesfalls zu verfügen.

———

[3] Die Mitteilung dieser Vorschrift war im mir vorliegenden Exemplar an die Leib-Grenadier-Garde erfolgt. Die Auszeichnung der Schützen der Linieninfanterie weicht hiervon ab.

VI. Zur Stellung der Regimentsschützen bei der Infanterie

Dresden, den 4ten Novbr. 1812

Es scheinen über die Art und Weise, wie die bei der Linien-Infanterie befindlichen Schützen, welche nach der Order vom 19ten Februar d.J. die beiden letzten Rotten in jeder halben Division aus machen, sich beim Vorrücken, Debandieren, Sammeln und Wieder-Einrücken, verhalten sollen noch Zweifel statt zu finden. Es wird daher folgendes zur Richtschnur genommen:

1) Da die erste dieser beiden Rotten, die ersten Nummern, und die zweite derselben die zweiten Nummern erhält, so muss jederzeit darauf Rücksicht genommen werden, dass die ersten Rotten in zerstreuter Ordnung das 1ste Glied ausmachen.

2) Wenn demnach das Avertissement gegeben wird: <u>Schützen vor!</u> so nehmen die beiden Rotten das Gewehr zur Seite rechts, laufen perpendikulär aus ihrer Stellung 20 Schritt grade vor, marschieren rottenweise rechts auf, ziehen die Bajonetter ab, machen rechts um und debandieren sich rechts. Der Mann aus dem 1sten Gliede der 1sten Rotte bleibt also stehen; von diesem an erfolgt das Debandieren so weit, dass die halbe Division zu welcher diese Rotten gehören – sie sei stark oder schwach – gedeckt wird. Ist das Debandieren

erfolgt, so rückt als dann die zerstreute Schützenlinie so weit vor, als es die Umstände oder das Terrain erheischen.

3) Wird, durch die ersten Schläge des Zapfenstreichs auf der Trommel das Avertissement: <u>Schützen zurück!</u> gegeben, so sammeln sich die Schützen jeder halben Division auf ihren linken Flügel, formieren sogleich ihre zwei Rotten, ajustieren die Bajonetter schleunigst, machen rechts um kehrt und rücken ein.

4) Sollen, bei einer rechts abmarschierten Kolonne, die Schützen die linke Flanke decken, so brechen auf das hierzu gegebene Avertissement oder Signal, die beiden linken Flügelrotten jeder halben Division durch Vornehmen ihrer rechten Schulter links heraus, laufen in dieser dadurch erlangten Richtung zwanzig Schritte grade vor, marschieren rottenweise rechts auf , ziehen sogleich das Bajonett ab, debandieren sich rechts, und gewinnen dann zusammen den nötigen oder anbefohlenen Abstand zu der Kolonne, worauf sie, wenn diese sich in Marsch setzt, rechtsum machen und stets ihr Augenmerk darauf richten, dass die Flügelrotten so viel möglich mit ihren resp. halben Divisionen in gleicher Höhe zu bleiben. Wäre die Kolonne bereits im Marsch, wenn das Herausziehen der Schützen erfolgt, so würden beim Debandieren auch die Flügelrotten gleich rechts um machen und mit ihren halben Divisionen sich in gleicher Höhe erhalten, so dann aber muss der Offizier, den erforderlichen

Abstand von der Kolonne, nach und nach, oder durch links ziehen zu erlangen suchen.

5) Wäre die Kolonne links abmarschiert und es sollte demnach die rechte Flanke gedeckt werden, so brechen die beiden linken Flügel-rotten rückwärts rechts heraus, gehen auf diese Art in drei Gliedern hinter ihrem Zuge weg, 20 Schritte grade in dieser Richtung vor, machen Halt, ziehen die Bajonetter ab, schwenken als dann links ab, um sich zu debandieren, wodurch dann ebenfalls die ersten Nummern vor kommen.

6) Die beiden unter No. 4 und 5 erläuterten Methoden werden auch angewendet, wenn eine links abmarschierte Kolonne ihre linke – eine rechts abmarschierte Kolonne ihre rechte Flanke – oder irgend eine Kolonne ihre beiden Flanken decken müsste.

7) Sollen beide Flanken einer Kolonne gedeckt werden, so gehen die Schützen der ungeraden halben Divisionen jedes Mal links – die der graden jedes Mal rechts – heraus.

⁎ ✱ ⁐

VII. Vorschrift zum Kontremarsch mit der geschlossenen Kolonne

Dresden, den 7ten Mai 1812

Zum Kontermarsch mit der geschlossenen Kolonne, wird Ew. Hochwohlgebr: folgende Abänderung zugefertigt, welche nicht nur Vorzüge vor der bisherigen Methode hat, sondern uns auch den Vorteil gewährt, dass sie mit der Art, wie die Französischen und Polnischen Truppen diese Bewegung ausführen, übereinstimmt.

Im Einverständnis mit dem Herrn Divisions-General von Lecoq finde ich mich demnach veranlasst, solche bei denen mir untergebenen Regimentern anzunehmen und zur Ausübung zu empfehlen:

Nach erfolgten Haupt-Avertissement

Habt Acht! Kontermarsch!

kommandiert der Kolonnen-Kommandant

a) bei einer rechts formierten geschlossenen Kolonne

Ungrade /halbe/ Divisionen: Rechts! _ Grade /halbe/ Divisionen: Links!_um! und hierauf *Vorwärts! Marsch!*

Die /halben/ Divisions-Kommandanten, welche sich bei der rechts formierten Kolonne auf dem linken Flügel befinden, treten einen Schritt vor und machen dieselbe Wendung, die ihr Zug gemacht hat.

Da nach dem Kommandowort *Marsch!*, um zu kontermarschieren, Alles mit Rotten nach seinem ersten Glied abschwenkt, so dienen die Kommandanten der geraden /halben/ Divisionen ihren Zügen zugleich zum Abschwenkungspunkt. Wenn daher die letzte Rotte bei ihnen abgeschwenkt hat, so machen sie *Kehrt!*, um ihren Zügen ebenfalls die Hilfe zur Richtung zu geben.

Nach *Halt!* kommandiert der Kolonnenkommandant *Front!*, worauf Alles die Wendung dahin macht, wo es nötig ist, um die Front nach dem ersten Glied herzustellen. So dann folgt das Kommandowort

Rechts_Richt euch!

b) bei einer links formierten geschlossenen Kolonne, kommandiert der Kolonnenkommandant

Grade /halbe/ Divisionen: Rechts! _ Ungrade /halbe/ Divisionen: Links!_um! pp.

Die Bewegung wird auf die oben beschriebene Weise ausgeführt und die Kommandanten der graden halben Divisionen dienen jetzt ihren Zügen zum Abschwenkpunkt. Auf vollbrachte Bewegung wird links gerichtet.

Im Allgemeinen ist es also Grundsatz, dass allezeit der vorderste Zug der Kolonne, um zu kontermarschieren, Rechts um macht.

Das Fahnen-Peloton muss – ehe noch *Marsch!* kommandiert wird – Mann für Mann, sich einzeln durch die Zwischenräume der Züge durch bewegen. Die Musik und der Tambour-Zug, sowie der Zug der Zimmerleute geht durch die Bataillons-Intervalle.

Auch wird bei dieser Gelegenheit festgesetzt, dass sich die Züge der Musik, die Tambours und die Zimmerleute nie eher an die Spitze einer Kolonne setzen sollen, als bis der Regiments- oder Bataillons-Kommandant den Befehl dazu erteilt.

VIII. Vorschrift zum Kontremarsch mit der geschlossenen Kolonne

Koblenz, den 24ten Juli 1814

Die Einteilung in Plotons soll von nun an nicht mehr stattfinden. Zur Erlangung einer vollkommenen Gleichförmigkeit wird zu der Evolution des Kontre-Marsches in geschlossener Kolonne folgende Vorschrift gegeben.

Es sei ein Bataillon mit Divisionen in geschlossener Kolonne formiert.

Auf das Kommando

Habt Acht! Kontre-Marsch

treten die Divisions-Kommandanten und die auf dem rechten Flügel der Divisionen stehenden Unteroffiziers einen Schritt gerade vor, sie machen hierauf resp. rechts und links um und richten sich links und rechts nach der Tete. Diese vorgetretenen Offiziers und Unteroffiziers dienen, um denen Divisionen teils zum Schwenkungspunkte, teils aber auch zur Direktion des Marsches und endlich zu Richtungspunkten, nachdem der Bataillons-Kommandant

Halt!

Front!

Rechts_Richt Euch!

kommandiert hat.

Soll durch die vorgetretenen Offiziere und Unteroffiziere der Zweck erreicht werden, so sind folgende Bedingungen unablässig

a) Dass sie bevor die Bewegung geschieht, genau eingerichtet werden und so viel richtige Parallellinien bilden, als Züge vorhanden sind, damit ursprüngliche Formation beibehalten werde.

b) Dass die Unteroffiziers nicht eher abtreten als bis der Bataillons-Kommandant
Augen gerade aus!   kommandiert hat. Die Offiziere hingegen herstellen die Front, sobald sie ihren Zug gerichtet haben.

Ich kann bei dieser Gelegenheit nicht verschweigen, dass ich immer noch Offiziere sehe, welche nicht marschieren und auch nicht salutieren können. Ich habe sogar beim Defilieren Offiziere ohne allen Anstand und Würde gesehen, von denen ich es um so weniger erwartet habe, da mir ihre frühere Bildung bekannt ist und ihre längere Dienstzeit eine Unwissenheit nicht erwarten lässt. Ich veranlasse daher die Bataillons-Kommandanten hierdurch wiederholend, die jenigen Offiziers, welche die Fertigkeit im Marschieren mit Salutieren noch nicht erlangt haben, die nötige Anweisung zu geben. Ich erkläre aber auch hiermit, dass ich jeden Offizier, der hierbei Unwissenheit oder Nachlässigkeit zeigt, ohne Ansehen der Person, der hohen Behördbarkeit bekannt machen werde, als einen Offizier, welcher nicht von dem guten Geiste beseelt ist, der unter uns allgemein herrschend sein muss.

v.Lecoq /General-Leutnant

ဆ ✳ ෬

IX. Die Formierung des Karrees aus der Angriffs-Kolonne

Dresden den 3ten Juli 1812

Wenn nach der bisherigen Methode aus der Angriffs-Kolonne das Karree formiert wird, und bei dieser Gelegenheit das Fahnen-Peloton zurücktritt, die 4te und 5te halbe Division aber auf das Kommandowort ihrer Zugs-Kommandanten links und rechts zurückt, um die Öffnung welche das Fahnen-Peloton gelassen hat zu schließen, so entsteht daraus die ganz natürliche Folge, dass die 4te halbe Division auf ihren rechten Flügel um 1 ½ Schritt durch die 3te, 2te und 1ste, sowie die 5te auf ihren linken Flügel um eben so viel durch die 6te, 7te und 8te debordiert wird, mithin bei dem Einschwenken der 3ten und 2ten und 6ten und 7ten halben Division die Flanken des Karrees, so viel als nur gedachte Distanz beträgt, über die Tête und Queue hinaus stehen.

Um nun diesem Überstand für die Zukunft abzuhelfen, wird hierdurch Folgendes festgesetzt:

Sobald der Bataillons-Kommandant avertiert hat

Formiert's Bataillons-Karree!

tritt das Fahnenpeloton zurück, und hierauf kommandiert derselbe sogleich weiter

Bataillon! Links und rechts zugerückt! Marsch!

Das Zurücken wird demnach nicht bloß von der 4ten und 5ten halben Division sondern von allen Zügen exekutiert. Nach dem Kommandowort

Halt!

kommandiert der Bataillons-Kommandant

Rechts und links! Richt euch!

und sorgt dafür, dass die Zugs-Kommandanten des rechten Flügels rechts und die des linken Flügels links, genau Kolonne nehmen, ohne weiter ängstlich um die Richtung der Züge besorgt zu sein.

Hierauf wird eingeschwenkt und weiter verfahren wie die Vorschrift besagt, und es kann auf diese Weise nicht fehlen, dass die Flanken perpendi kulär auf die Tête zu stehen kommen.

Diese Anordnung, dass das Zurücken durch den Bataillons-Kommandanten kommandiert wird, bezieht sich jedoch bloß auf diesen einzigen Fall der Formierung eines Karrees aus der Angriffs-Kolonne; wird dasselbe aus der Linie formiert, so bleibt alles wie es bisher befolgt worden ist.

X. Abänderung im Rottenfeuer

Goldewitz, den 28ten Septbr. 1813

Bei meiner Ankunft beim mobilen Truppenkorps habe ich gefunden, dass der Herr Generalleutnant von Lecoq eine kleine Abänderung im Rottenfeuer gemacht hat, die ich vollkommen zweckmäßig achte. Da diese Abänderung jedoch nur auf einer mündlichen Anordnung sich gründet und bloß bei drei Regimentern der bisherigen ersten Division eingeführt ist, so wird der Gleichförmigkeit wegen hierüber folgendes bestimmt:

Das Avertissement ist wie bisher:

Habt acht! Rottenfeuer

So dann folgt das kurz und lebhaft ausgesprochene Kommandowort:

Chargiert

Auf solches rücken die beiden hinteren Glieder, wie bei allen anderen Chargierungsarten resp ¼ und ½ Elle rechts seitwärts.

Hierauf folgt ferner:

Bataillon /: Kompanie :/ Fertig

und zum Avertissement, dass die ersten Rotten in allen Plotons zu feuern anfangen sollen, wird nochmals, aber gelassen und etwas, aber doch nicht zu sehr gedehnt, kommandiert:

Chargiert

Da die hinteren Glieder abgerückt sind, so muss auch nach beendigtem Feuer

Rotten! Richt Euch!

kommandiert werden.

v.Zeschau

⁞ ✶ ⁝

XI. Ablösung der Schildwachen

Koblenz, den 12ten Oktober 1814

Die Ablösung der Schildwachten geschehen mehrenteils mit einer unverantwortlichen Nachlässigkeit, insbesondere bei dem Bataillon Garde. Die Schuld fällt auf die Herren Offiziers zurück, weil diese mit aller Strenge auf die pünktlichste Ausführung jeder Dienstsache – scheinen sie auch noch so gering fähig– halten sollten und dann weil die Zahl der Gefreiten davon abhängt.

Die Sache selbst ist gar nicht so gering fähig, als viele irrig glauben. Wer kennt nicht die gesetzliche Würde eine Schildwacht? Wem sollte es aber auch unbekannt geblieben sein, wie schwer es unseren Soldaten wird, sich dieser übertragenen Würde eigen zu machen. Eine genaue Kenntnis der allgemeinen und der durch die Lokalität entspringenden Pflichten, ist die erste Bindung bei der Würde einer Schildwache. Eine jede Schildwache muss notwendig ihrer selbst unwürdig sein, wenn sie nicht auf das genaueste mit ihren Pflichten vertraut ist.

Die allgemeinen Pflichten einer Schildwache in der Garnison und im Felde ist ein wichtiger Gegenstand zum Vortrag in den Unterhaltungsstunden.

Die besonderen Pflichten aber, die durch die Lokalität entspringen, können dem Soldaten nur an Ort und Stelle bekannt gemacht werden, teils durch den Kommandanten des Wachpostens, teils aber auch bei der Ablösung selbst, wo es dem Gefreiten obliegt, die aufführende Mannschaft anzuhalten, dass sie sich von allen genau unterrichtet, was auf die Lokalität des Postens Bezug hat.

Dies sei genug, um die Herren Offiziers auf die Wichtigkeit des Gegenstandes aufmerksam zu machen und als Anleitung zu dienen zur Abstellung dieser Dienstnachlässigkeit.

Die Ablösung der Schildwachten soll von nun an auf folgende Weise geschehen:

1) Der Gefreite lässt die aufführende Mannschaft links bei sich aufmarschieren, die Mannschaft selbst bleibt in zwei, drei Gliedern rangiert, nach Maßgabe ihrer früheren Rangierung.

2) Der Gefreite wendet sich links herein und kommandiert an den den Posten übernehmenden Mann: Marsch! Die ablösende Schildwacht hat indes das Gewehr wieder geschultert.

3) Der austretende Mann stellt sich dem ablösenden gerade gegenüber und lässt sich von diesem alles das genau übergeben, was auf die Lokalität des Postens Bezug hat.

4) Ist die Übergabe erfolgt, so geht der abgelöste Mann zu der übrigen Mannschaft und stellt sich auf den linken Flügel des Gliedes, in welchem jener gestanden hat – der neu auftretende Mann rückt auf den verlassenen Platz und herstellt die Front. N.B. Der Gefreite kommandiert also nicht mehr die Front herstellen und die neue Schildwacht präsentiert nicht das Gewehr.

5) Der Gefreite setzt sich vor seine Mannschaft und marschiert ab:

v.Lecoq

XII. Stellen der Mannschaft

Koblenz, den 17ten Dezbr. 1814

Bei dem Stellen der Mannschaft treten in künftige die Unteroffiziers mit Gewehr beim Fuß vor der Front an und nehmen bei dem Kommando

Es wird gestellt!

das Gewehr Hoch in rechten Arm, das Aufpflanzen der Bajonette geschieht mit der gemeinen Mannschaft zusammen, worauf sie das Gewehr wieder hoch in rechten Arm nehmen.

Das Kommando zur Gewehr-Visitation:

Gewehr beim Fuß!

vollziehen die Unteroffiziers in gleichen Maßen mit und bleiben so lange mit Gewehr beim Fuß stehen, bis

Unteroffiziers!

Marschieren auf ihren – Posten!

kommandiert wird, auf welches Kommando sie wieder Gewehr hoch in rechten Arm nehmen und so dann auf Marsch! einrücken.

v.Lecoq

৪০ ✹ ੴ

XIII. Abänderungen und Erinnerungen beim Exerzieren der Linien-Infanterie

so beim mobilen Korps teils durch schriftliche Ordres, teils mündlich von des Herrn General-Leutnant v.Lecoq Exzellenz gegeben wurden:

1) Die Einteilung in Plotons fällt weg

2) Die Einteilung der Sektion geschieht nach dem Exerzier-Reglement de ad. 1804 und nicht mehr nach den Zusätzen.

3) Bei Einteilung der halben Divisionen in Sektions muss zugleich die Mitte abgeteilt werden, um sowohl beim Ziehen mit gebrochener Front die Flügelrotten zu bestimmen, welche heraus schwenken, als auch beim Rottenfeuer das Feuer anfangen zu können.

4) Bei den Schwenkungen aus der Linie Rechts treten die Abteilungs-Kommandanten, die es betrifft, nach dem gegebenen Kommando-Wort

Mit ganzen – oder halben – Divisions! –

Rechts_Schwenkt!

links vorwärts vor ihre erste Rotte, um dadurch dem deckenden Unteroffizier des linken Flügels vom nebenstehenden Zuge Platz zu machen, um auf die Stelle sogleich vorrücken zu können, damit derselbe auf das folgenden Kommando

Marsch!

die Schwenkung unverzüglich führen kann.

5) Zu genauer Erhaltung der Richtungs-Linie beim Avancieren und Retirieren müssen im ersten

Fall die halben Divisions-Kommandanten sowie der linke Flügel-Offizier, im letzten aber die hinter solchen im dritten Gliede stehenden Unteroffiziers gleich beim ersten Antritt durch einen großen Schritt eine halbe Elle über die Mannschaft vorzukommen suchen, und so dann stets in dieser Entfernung bis auf Halt! verbleiben, wo diese durch einen vergrößerten Schritt in die Offiziers oder Unteroffiziers-Linie einrückt.

6) Bei Formierung geschlossener Kolonnen, so wie bei jeder Gelegenheit, wo sich der Zugskommandant auf den entgegengesetzten Flügel begibt, muss solches mit der größten Schnelligkeit geschehen. Bei Aufmärschen Links geschieht solches hinter dem 3ten Glied weg, um den Offizier von nebenstehenden Zuge den Richtungspunkt nicht zu verdecken.

7) Bei den Aufmärschen aus der geschlossenen Kolonne sowohl als mit der Achtelsschwenkung müssen die Züge nicht übereilt, sondern nach und nach gelassen in das neue Alignement einrücken. Beim Aufmarsch mit der Achtelsschwenkung wird bei der Drehung nicht mehr Rechts oder Links sondern Linke oder Rechte Schulter vor! kommandiert.

8) Sobald ein Bataillon Rechtsum kehrt gemacht und zum rückwärts Chargieren durch getreten worden, werden dadurch die Flügel und Abteilungen verwechselt und es wird daher der linke zum rechten Flügel, sowie die geraden Abteilungen nunmehr ungerade und die ungeraden gerade werden.

9) Wenn in der geschlossenen Kolonne avanciert und das Gewehr zur Seite rechts genommen wird, diese Kolonne aber, ohne das Bajonett zu fällen Halt macht, behält jeder Mann das Gewehr in der anbefohlenen Lage und schultert dasselbe erst auf das dazu gegebene Kommandowort.

10) Außer der Formierung der Angriffs-Kolonne, wie solche die Zusätze zum Exerzier-Reglement pag. 141 und 260 festgesetzt, ist auch die geschlossene Angriffskolonne einzuüben.

Die Kommando-Wörter sind die nämlichen, nur dass statt

Formiert die Angriffs-Kolonne!

zu kommandieren ist

Formiert die Angriffs-Kolonne geschlossen!

Hierinnen liegt das Avertissement, dass auf

Marsch!

die Kolonne sich geschlossen formieren soll.

Sogleich nach erfolgter Formierung der geschlossenen Angriffskolonne treten auf die äußersten Flügel zwischen die halben Divisionen, in die Linie der Schließenden 3 Unteroffiziers oder Gefreite, ingleichen zwischen der 1sten und 8ten halben Division 9 Unteroffiziers oder Gefreite in 3 Gliedern formiert. Wird eine dergleichen Kolonne mit einem Angriff bedroht, so wird kommandiert

Formiert die Kolonne zur Verteidigung!

worauf die 3 Flügelrotten der 2ten und 3ten halben Division Rechts um und die der 6ten und 7ten halben Division Links um machen. Die auf die Flügel der halben Divisionen in die Linie der Schließenden gestellten Unteroffiziers machen Rechts oder Links um nach Verhältnis, ob sie auf dem rechten oder linken Flügel eingeteilt stehen. Die 1ste und 8te halbe Division machen auf das Kommando ihrer Zugskommandanten Rechtsum kehrt. Die zwischen diesen zwei halben Divisionen eingestellten 9 Unteroffiziers folgen dieser Bewegung. Die zwei halben Divisionen treten zum rückwärts Chargieren durch. Soll die Front der Rotten, welche die Wendung, oder der halben Divisionen, welche Rechtsum kehrt gemacht haben, hergestellt werden, so erfolgt dieses zu gleicher Zeit auf das Kommandowort

Front!

11) Bei dem Feuer fällt das erste Glied niemals mehr nieder, auch feuert das dritte Glied niemals mehr mit, letzteres rückt auf

Chargiert!

Einen Schritt zurück und nimmt das Gewehr in Arm, ersteres setzt auf

Fertig!

den rechten Fuss eine viertel Elle rückwärts. Auf

Rotten! Richt Euch!

greift das dritte Glied das Gewehr an und tritt seinen Schritt wieder auf.

12) Wenn auf das gegebene Avertissement zur Chargierung die halben Divisions-Kommandanten hinter das 3te Glied treten, so geschieht dieses, um

ihre Züge besser zu übersehen und nötigen Falls anrufen zu können. Da dieses aber beim Offizier des Fahnenplotons nicht nötig ist und derselbe nichts dabei zu kommandieren hat, so bleibt er unveränderlich im Gliede stehen.

13) Wenn zum Aufhören des Feuers Wirbel geschlagen und

Rotten! Richt Euch!

kommandiert worden, treten die, auf die Plätze der Offiziers vorgerückten Unteroffiziers, hinter das 3te Glied, und zwar solange in die Lücken des 3ten Gliedes bis durch einen vom sämtlichen Tambours, auf das Zeichen des Bataillons-Tambours zu gebenden einfachen Schlag auf die Trommel das Signal zum gleichzeitigen Vortreten ins 1ste Glied gegeben wird.

14) Beim Rottenfeuer ist sich genau nach der am 28ten Septbr. 1813 gegebenen Ordre zu richten.

15) Das Feuer mit halben und ganzen Gliedern sowie das bisherige Feuer auf Kavallerie fällt weg.

16) Das Feuer mit halben Divisionen ist in dermaßen einzuüben, dass, wenn zuvor auf

Chargiert!

die ungeraden halben Divisionen sich auf das Kommando ihres Zugskommandanten fertig gemacht haben, jede halbe Division feuert, sobald sie ihren Schuss mit Nutzen anbringen kann. Die halben Divisionen nehmen sich das Feuer in

Divisionen ab, so dass eine halbe Division immer geladen hat, wenn die andere feuert.

17) Beim Kontremarsch mit der geschlossenen Kolonne ist sich genau nach der Vorschrift vom 24ten Juli 1814 zu richten.

An sächsischen Reglements und Instruktionen sind in dieser Reihe bisher erschienen:

No.11 Allgemeine Dienstregeln für die Unterofficiers der Churfürstlich Sächsischen Infanterie vom Jahre 1802

No.17 Unterricht für die Scharfschützen bey der Churfürstlich sächsischen Infanterie vom Jahre 1804 (Reglement)

No.18 Reglement für die Königlich Sächsische leichte Infanterie zu den Uebungen außer der geschlossenen Ordnung vom Jahre 1810

No.24 Sammlung von Instruktionen der königlich sächsischen Armee 1810 – 1813 (Teil I)

No.25 Sammlung von Instruktionen der königlich sächsischen Armee 1810 – 1813 (Teil II)

No.31 Sammlung von Instruktionen der königlich sächsischen Armee 1810 – 1815 (Teil III)

No.38 Reglements für die Kurfürstlich Sächsische Artillerie aus den Jahren 1767 und 1777

An preußischen Reglements und Instruktionen sind bisher erschienen:

Instruktion für die Infanterie-Regimenter und Füsilier-Bataillons betreffend die Ordnung und Mannszucht im Felde vom 12.03.1790

Instruktion für die Infanterie-Regimenter und Füsilier-Bataillons betreffend die Ordnung und Mannszucht im Felde vom 12.03.1790

☙ ✸ ❧